PAUL ALBERT

LES

HEURES CHRÉTIENNES

HYMNES RELIGIEUX

CHEZ LES PRINCIPAUX LIBRAIRES

et

CHEZ L'AUTEUR

Rue des Marchands, 11, Toulon

M DCCC LXXVIII

LES

HEURES CHRÉTIENNES

SOMMAIRE

PAUL ALBERT

—

LES
HEURES CHRÉTIENNES

HYMNES RELIGIEUX

TOULON

TYPOGRAPHIE MICHEL MASSONE

Boulevard de Strasbourg, 56

—

M DCCC LXXVIII

A LA MÉMOIRE

De ma Sœur

Mᵐᵉ *MARIE-EMMANUEL*

(Mˡˡᵉ CLAIRE ALBERT)

RELIGIEUSE

De la Congrégation de N.-D. de Miséricorde du Bon-Pasteur
de Fréjus (Var)

Née à Toulon, décédée à Saint-Maximin le 31 août 1877,

JE DÉDIE

CE LIVRE ÉCRIT POUR SES ÉLÈVES

P. A.

NOTE DE L'AUTEUR

Nous faisons un appel aux compositeurs célèbres qui, comme les grands maîtres Haydn, Mozart, Beethoven, etc., ont l'âme profondément pieuse. Les poésies qui suivent et que nous avons composées pour le premier âge de la vie, cet âge qu'il est indispensable d'habituer à la prière, et par la douce autorité des conseils paternels, et par les charmes des beaux-arts, produiraient peut-être d'heureux effets sur plus d'une jeune âme, si une musique, tout à la fois tendre, naïve et facile, leur prêtait ces sons qui les gravent à jamais dans la mémoire du cœur.

INVOCATION

Que ce tribut de ma prière
Soit doux à ton cœur maternel,
Vierge divine ! assure, éclaire
Nos pas dans la route du Ciel.

De joie entoure notre vie,
Et quand luira le dernier jour,
Ouvre à nos cœurs, douce Marie,
L'asile saint de ton amour.

HEURES DU MATIN

RECUEILLEMENT

A L'HEURE *où les premiers rayons du jour commen-cent à luire, où, ranimés par le repos de la nuit, l'homme et la nature entière semblent renaître à l'existence, heureux le cœur qui sait prier! Heureuse la mère, qui l'a appris à ses enfants, et qui, à genoux au milieu d'eux, unit sa voix à leurs voix innocentes. Est-il un parfum plus suave que ce parfum de la piété et de l'innocence? Est-il un hommage qui soit plus agréable à Dieu?*

. Parents chrétiens, qui aimez à recevoir, le matin et le soir principalement, l'expression du respect et de l'amour de vos enfants, apprenez-leur à payer le même tribut au Père, à la Mère que nous avons dans les cieux. C'est un devoir de rigoureuse justice; c'est une dette sacrée qu'ils acquitteront avec bonheur, si surtout vous leur en donnez l'exemple.

HYMNE DE L'ENFANCE

—

> Mon Dieu, mon Dieu, je m'éveille avec
> l'aurore pour élever mon cœur vers toi.
> *Psaume* 62, 2.

I

Aux douces clartés de l'aurore,
O mes enfants, ouvrez les yeux;
Élevons ensemble nos vœux
Vers le Dieu que tout être implore.

Écoutez : dans son nid de fleurs,
L'oiseau s'éveille, et sa voix pure
Semble au Père de la Nature
Porter l'hommage de nos cœurs.

II

LE FILS.

Dieu bon, je t'aime, car ma mère,
Tous les jours, me dit de t'aimer;
De ton amour viens m'animer,
O mon Dieu, mon céleste Père !

Mais pour t'aimer d'un pur amour,
Ne faut-il pas que dans mon âme,
Toi-même en allumes la flamme,
Et la rallumes chaque jour ?

Que puis-je hélas ! oiseau débile,
Menacé par l'autour cruel !
Garde-moi du nid maternel
Le précieux, le sûr asile.

III

LA JEUNE FILLE.

Vers toi la douce tourterelle
Fait monter ses tendres accents;
Reçois mes pieux sentiments,
Je prie, et je chante comme elle.

On m'a dit que j'ai dans les cieux
Une bonne Mère qui m'aime;
Ah! je dois bien l'aimer moi-même!
Vers elle montent tous mes vœux.

On m'a dit que plus d'un orage
Assailliront mes jeunes ans.
O Dieu, guide mes pas tremblants!
De l'Enfer repousse la rage.

IV

LE FILS.

Sur les jours qui luiront pour moi
Abaisse un regard tutélaire;
On dit que la vie est amère,
Quand elle coule loin de toi.

LA JEUNE FILLE.

Oh! que je crains de cette vie
Les périls, l'attrait séducteur!
Mais, que ne peux-tu, faible cœur,
Par le Dieu qui te fortifie (1)?

(1) *Philip.* 4, 13.

LE FILS.

Comme le soleil sur nos fronts
Verse ses purs rayons de flamme
Épands, Dieu Père, dans mon âme
Ta grâce et ses plus riches dons.

LA JEUNE FILLE.

Tu le disais : je veux qu'on laisse
Près de moi les cœurs innocents.
Oui, Sauveur, les petits enfants
Furent l'objet de ta tendresse.

LE FILS.

Je sais que, même au fond du cœur,
Ton regard lit notre pensée :
Pieuse, elle est récompensée,
Sinon, punie avec rigueur.

LA JEUNE FILLE.

Cédant à ta parole sainte,
Nous voici, Dieu si bon pour nous ;
C'est l'amour, bien plus que la crainte,
Qui nous incline à tes genoüx.

V

CHŒUR DES DEUX ENFANTS.

Dieu, de ta grâce
Embellis, inonde nos cœurs,
Que rien n'efface
Le souvenir de tes grandeurs.

Sur notre père
Verse tes dons à pleines mains ;
De notre mère
Pour nous seconde les desseins.

Que la famille,
Soumise au joug saint de ta loi,
Heureuse, brille
D'un bonheur qui vienne de toi.

Sur notre France
Veille, étends ton bras protecteur !
Dieu de clémence,
Garde-la toujours dans ton cœur.

HYMNE DE L'ADOLESCENCE

Il faut t'adorer, grand Dieu, quand la
lumière se lève sur nous.
Sap. 16, 28.

I

LE PÈRE.

ASTRE du jour, de tes rayons naissants,
A l'Orient, l'azur du ciel se dore ;
Ouvrez les yeux, venez, mes chers enfants ;
Il est si doux de prier dès l'aurore !

Quand au Dieu bon, auteur de l'Univers,
En s'éveillant, la terre rend hommage,
Que votre voix se mêle aux doux concerts
De ses oiseaux, harmonieux langage !

II

LE FILS.

Salut, ô Dieu, père de la nature,
Toi qui préviens nos besoins, nos souhaits,
A tes genoux, ton fils, ta créature
Chante ta gloire, implore tes bienfaits.

LA JEUNE FILLE.

Au fond des bois, la colombe fidèle
Évite, craint la fureur du vautour;
Dieu, tu le sais, je suis faible comme elle,
Abrite-moi dans ton cœur plein d'amour.

LE FILS.

Comme une route, où tout me rit d'avance,
S'offre la vie à mon âme, à mes sens;
Dieu des vertus, donne-moi la prudence,
Loin de l'Erreur guide mes jeunes ans.

LA JEUNE FILLE.

Le jeune lis, près d'une eau qui murmure,
Lève son front, qu'un souffle peut ternir :
Dieu, comme lui, je suis fragile et pure;
Que ta bonté daigne me soutenir.

LE FILS.

Quand du Travail bientôt sonnera l'heure,
Verbe éternel, pense, agis, vis en moi;
Douce union! que mille fois je meure,
Plutôt, Seigneur, que de violer ta loi.

LA JEUNE FILLE.

Marie, ô toi des vierges doux modèle,
Dis à mon Dieu les besoins de mon cœur,
Et sur tes pas, lorsque ta voix m'appelle,
Anime-moi de la plus vive ardeur.

III

CHŒUR DES DEUX ADOLESCENTS.

Vers toi, divin Jésus, s'élèvent dès l'aurore,
De tes enfants les hommages pieux.
Notre faiblesse, ô Dieu, te bénit et t'implore;
Incline-toi vers nous du haut des cieux.

Du petit oiselet si la plainte te touche,
Du malheureux si tu comptes les pleurs,
Seigneur, protége-nous! veille sur notre bouche;
De vérité, d'amour nourris nos cœurs.

Sous tes regards, sans trouble et sans souillure,
Jusqu'au tombeau puissent couler nos jours!
Marie, ô notre Mère! ô Vierge douce et pure,
Dans les périls, prête-nous ton secours.

LA FOI

I

Vérité, qui luis sur le monde,
Astre aux feux purs, qu'un doux rayon
Se glisse dans la nuit profonde
Où l'homme a plongé sa raison !
Flambeau divin, de ta lumière
Inonde et nos cœurs et nos yeux ;
Éclaire nos pas sur la terre,
Montre-nous la route des cieux.

CHOEUR.

Oui, nous croyons à ta parole sainte !
Parle, grand Dieu ! nous volons à ta voix.
Nous porterons et sans honte et sans crainte
Le joug léger de tes célestes lois.

II

Du Sauveur épouse immortelle,
Sage interprète de la foi,
Église, ta voix nous appelle
Aux biens qu'on ne trouve qu'en toi !
Faibles humains, par mille orages
Sur les flots du monde battus,
L'Église a pour vous des rivages
Où les autans ne soufflent plus.

CHŒUR.

De ton Église enfants soumis, fidèles,
Nous vénérons sa douce autorité.
Fais-nous, Seigneur, à l'abri de ses ailes,
Bénir ton nom, croire à ta vérité.

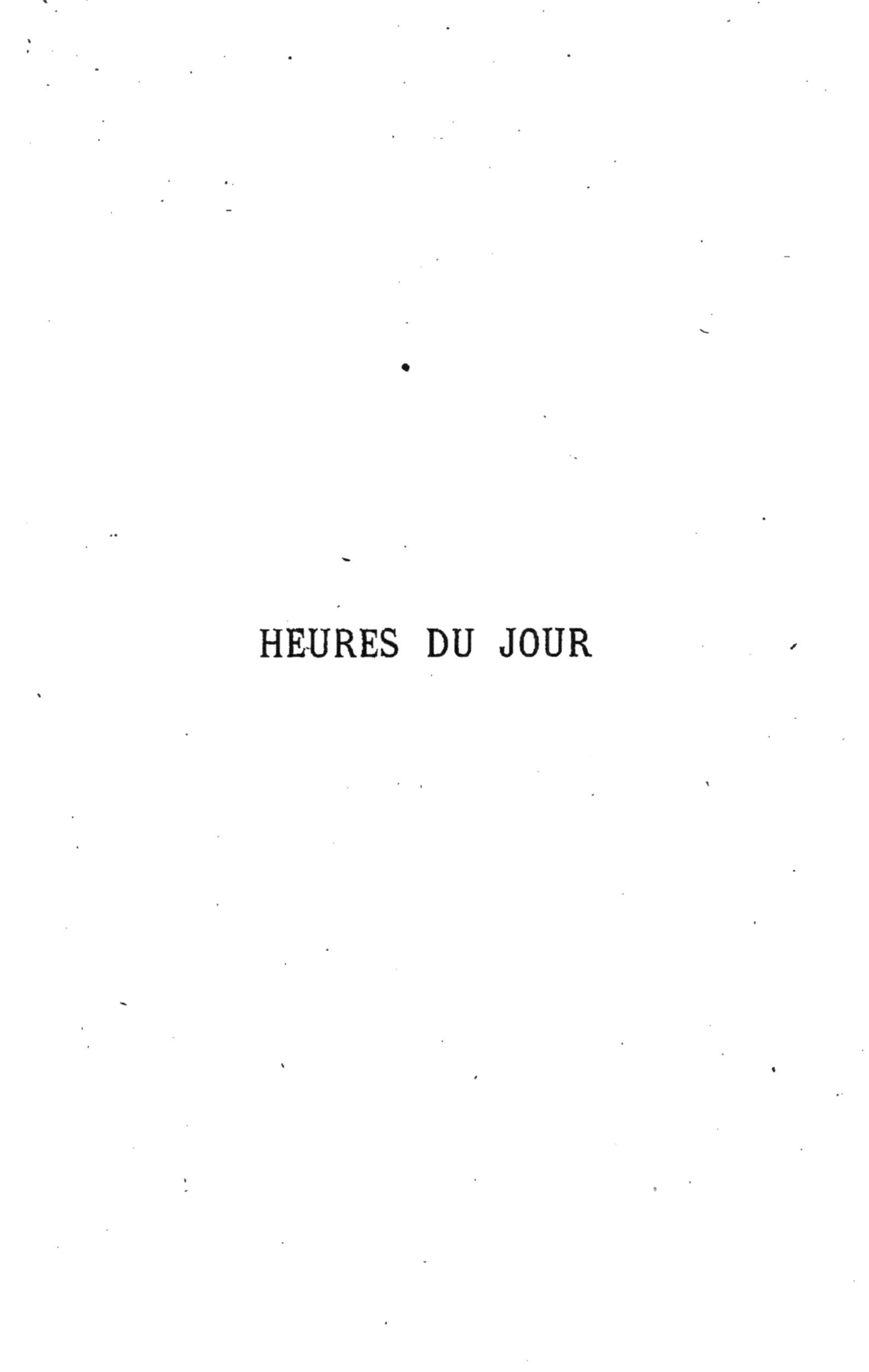

HEURES DU JOUR

RECUEILLEMENT

—

Reposez-vous quelques instants, esprits fatigués des labeurs de la pensée; bras ruisselants de sueur, reposez-vous! le jour vient d'atteindre le milieu de son cours. Le repos ranimera vos forces à demi épuisées; mais il est un délassement plus doux encore : c'est la prière. Elle a précédé, accompagné peut-être vos travaux. Qu'elle les suive. Un bon cœur se fatigua-t-il jamais dans ces pieux épanchements? Au contraire, quelle peine si vive, quelle sollicitude si cuisante qui n'y trouvent un allégement et un charme.

HYMNE DE L'HOMME

Ma langue, Seigneur, méditera tout le
jour votre gloire.

Psalm. 34, 28.

Le soleil est monté sur son trône de flamme ;
  La sueur ruisselle des fronts ;
A ses mille travaux l'homme livrant son âme
  S'agite en vivants tourbillons.

Il accomplit la loi qui tonna sur sa tête
  Aux premiers jour de l'Univers,
Quand, exilé d'Éden, à sa vue inquiète,
  Terre, s'offrirent tes déserts.

Loi sainte du travail ! Dieu, loi de ta justice,
  Don sévère de ton amour,
Joug doux à la vertu, frein salutaire au vice,
  Gloire du terrestre séjour !

Heureux qui l'acceptant, d'un cœur humble et docile,
    T'offre les œuvres de ses mains ;
Et, riche de ses fruits, coule une vie utile
    A la famille des humains.

Seigneur, divin soleil de vérité, de grâce,
    Inonde-nous de tes rayons ;
De tous les cœurs mortels que ta lumière chasse
    L'affreuse nuit des passions.

Passions, vifs élans de l'âme frémissante
    Sous le joug paternel d'un Dieu,
Vers le ciel entr'ouvert à ma vertu naissante,
    Déployez vos ailes de feu.

Mais n'emportez jamais mon âme, à Dieu fidèle,
    Dans les riants sentiers du mal ;
J'y perdrais l'innocence. Ah ! que seraient sans elle,
    Tous les biens d'un monde fatal ?

Cruels tyrans du cœur, sous vos pesantes chaînes
    Que d'esclaves j'entends gémir !
Fortune, Ambition, dites par quelles peines
    S'achète un éclair de plaisir.

Monde, éloigne tes dons : ils sont faux et perfides !
    Il est pour moi trésors plus doux.
Près de l'autel sacré, Jésus, où tu résides,
    Nous les trouvons à tes genoux.

Là, tandis que séduits par de vaines images,
    Loin de toi emportant leurs vœux,
Nos frères vont au mal, t'offrant mes purs hommages
    Je prie et t'implore pour eux.

A leurs regards voilés des ténèbres du vice,
    Fais luire l'éclat de ton jour,
Dieu bon, à ma douleur, à mes larmes propice,
    Embrase-les de ton amour.

Toi qui, du haut des cieux, vois, plains notre misère,
    Vierge, fille du Tout-Puissant,
A ma voix suppliante ouvre ton cœur de mère,
    Dans tes bras serre ton enfant.

L'ESPÉRANCE

I

Des biens futurs naissante aurore,
Consolatrice de nos maux,
Du mortel souffrant qui t'implore
Tu sais alléger les travaux ;
Du haut du Ciel, douce Espérance,
Brille à nos regards abattus ;
A nos cœurs fait goûter d'avance
Le prix de leurs humbles vertus.

CHOEUR.

Nous espérons en ta bonté chérie,
Père céleste, ô Dieu de nos autels.
Tes fils heureux, dans les maux de la vie
Ont leur asile en tes bras paternels.

II

Dis-moi, pourquoi cette tristesse,
Mon cœur (1)? pourquoi me troubles-tu?
Le Dieu qui connaît ta faiblesse,
T'offre l'appui de la vertu.
A ses lois si tu fus rebelle,
N'es-tu pas lavé dans mes pleurs?
A l'espoir sa voix qui t'appelle
Console, apaise tes douleurs.

CHŒUR.

Dieu tout puissant, notre unique espérance,
Ah! qu'il est doux de s'appuyer sur toi!
Puissions-nous tous, dans cette confiance,
Vivre sans crime et mourir sans effroi!

(1) *Psalm.* 42, 5.

HEURES DU SOIR

RECUEILLEMENT

VOICI *le soir. Jeunes âmes, qu'éprouvez-vous? De la reconnaissance ou des regrets? Prêtez à ces sentiments si divers la voix de la prière. La prière du soir clôt le jour qu'a ouvert celle du matin. Que d'actes de vertu, partant que de bonheur ont pu remplir ce court intervalle, si ces prières ont été faites, avec ce respect profond que doit une humble créature à son Dieu, avec l'amour que ressent un bon fils pour le meilleur des Pères.*

Si, au contraire, le seul vrai malheur de cette vie, le crime, vous a frappés durant ce jour, qui n'est plus pour vous, laissez couler vos larmes et l'expression de votre repentir; elles seules répareront le mal, que vous vous êtes fait; seules, elles apaiseront la justice divine, et, au lieu de sévères châtiments, feront descendre sur vous les dons du ciel, sans lesquels vous n'êtes et ne pouvez rien.

HYMNE DE L'ENFANCE

———

Restez avec nous, Seigneur, voici
le soir.

SAINT LUC. 24, 29.

I

LE PÈRE.

Tu nous quittes, soleil, et ta lueur mourante
Dorant les monts lointains d'un pâle trait de feu,
Salue, à son déclin, la terre languissante
De ce dernier regard, triste comme un adieu.

Autour de nous déjà tous les bruits de la vie
S'éteignent par degrés. Sous vos toits de rameaux,
Commencez de vos chants la suave harmonie,
Bénissez l'Éternel, chantez, petits oiseaux.

Et vous, mes chers enfants, alors que la nature
De ses chantres ailés offre à Dieu les concerts,
Faites monter au ciel de vos cœurs la voix pure
Vers ce Dieu par qui tout vit, aime en l'univers.

II

LE FILS.

Dieu bon, que je te remercie
Du jour que ta puissance a fait luire sur nous !
Puissent tous les jours de ma vie
Nous voir ainsi porter nos cœurs à tes genoux.

LA JEUNE FILLE.

O Dieu, notre céleste Père,
Qui fais pleuvoir sur nous mille biens, chaque jour,
Prodigue à notre bonne mère,
A notre père, à nous, les dons de ton amour.

LE FILS.

Aux tristes erreurs, aux faiblesses,
Pardonne, Dieu clément, souris au repentir ;
Sur nous épanche tes richesses,
Vers toi guide nos pas, bénis notre avenir.

LA JEUNE FILLE.

Fais entendre au malheur qui pleure
Ta voix consolatrice, allége ses tourments ;
Au pauvre, donne une demeure
Où, sous tes yeux, en paix, puissent couler ses ans.

LE FILS.

Qu'en nous le flambeau de ta Grâce,
Comme ce jour qui meurt, ne s'éteigne jamais!
    Que rien en notre âme n'efface
Le touchant souvenir de tes riches bienfaits.

LA·JEUNE FILLE.

Offre à l'orphelin qui soupire
Un asile, des cœurs qui veuillent le chérir;
    Dieu saint, à tout ce qui respire
Prête un âme, une voix qui sachent te bénir.

III

CHŒUR DES DEUX ENFANTS.

Avant que la nuit sombre à la nature entière
        Annonce l'heure du repos,
Père, de tes enfants écoute la prière,
Et quand le doux sommeil clora notre paupière,
        De nous éloigne tous les maux.

Des malheureux en proie à l'amère souffrance
        Entends la gémissante voix;
Aux cœurs chargés d'ennui fais luire l'espérance,
Des vierges, des enfants protége l'innocence,
        Du devoir allége le poids.

De la terre et des cieux, douce et puissante Mère,
    Étends sur nous ton bras divin;
Guide-nous vers ton Fils, à ta pure lumière,
A des fils égarés rends leur céleste Père,
    Mère, presse-nous sur ton sein.

HYMNE DE L'ADOLESCENCE

> Vos dernières années ressembleront
> aux jours de votre adolescence.
>
> *Deut.* 33, 25.

Encore un jour tombé dans le torrent des âges !
Jour, vas-tu te briser aux éternels rivages,
Pour t'y perdre à jamais dans l'Océan des jours ?
Non, tes flots ont roulé nos vertus et nos crimes,
Les complots des pervers, et les pleurs des victimes ;
 Pour un instant suspends ton cours.

Viens, aux rayons mourants du soleil qui décline
Retrace à nos regards, que la Grâce illumine,
Les labeurs qu'à mon Dieu mes mains ont consacrés,
Les désirs de mon cœur, qui vers le ciel s'envolent,
Les maux que mes bienfaits, que ma pitié consolent
 Ou que mon or a réparés.

Remords, éveillez-vous ! vengez de la Sagesse
Les immortelles lois, que ma fatale ivresse
Repoussa, pour te suivre, ô vice séducteur !
Repentir, lave-moi dans tes larmes amères
O Dieu ! sur mes délits et sur ceux de mes frères
     Verse un pardon consolateur.

Soir, qu'embaume un air pur, que de sa douce haleine
Rafraîchit le zéphir, ah ! nos yeux avec peine
Te suivent, par degrés t'enfonçant dans la nuit ;
Sois l'image pour nous du beau soir de la vie ;
Qu'à ses amours mortels notre âme un jour ravie,
     Passe, sans regrets et sans bruit.

Astre aux feux immortels, ô Foi, qui nous éclaires,
Inonde alors nos cœurs de tes vives lumières,
N'imite pas cet astre, éclipsé dans les cieux ;
Reste sur l'horizon ; parmi nos noirs orages,
Comment pourraient nos nefs aborder, sans naufrage
     Au port des justes, des heureux ?

Toi-même allume en nous cette céleste flamme,
Père, ô toi qui souris à ces cris de mon âme,
Qui comptes sur nos fronts les gouttes de sueur !
Que ta divine main les sèche ! qu'elle efface
Du crime et de l'erreur la déplorable trace,
     Y fasse luire ta splendeur.

Pendant qu'un doux sommeil fermera nos paupières,
Que de cœurs gémiront sous le poids des misères!
Que d'yeux en pleurs vers toi se lèveront brûlants!
Pitié, pitié pour nous, Dieu qui goûtas nos peines,
Donne au pauvre du pain, ôte au captif ses chaînes;
    Père, veille sur tes enfants!

Pitié, pitié surtout pour le crime qui veille
Pour tramer ses complots, que saisit ton oreille,
Que poursuit ton regard! Infortunés mortels
Enviez le sommeil, le doux rêve du sage :
D'un jour, plein de vertus, délicieuse image,
    Reflet des plaisirs éternels.

Pitié, secours, Dieu bon, à la mère qui pleure
Près du lit, où son fils attend la dernière heure :
Mère à plaindre encor plus, si, bien loin de ces yeux,
Mais non loin de son cœur, ce fils vit dans le crime!
Entends de son amour cette mère victime,
    Pour elle, rends-le vertueux.

Tandis qu'à la lueur de sa lampe fidèle,
Poursuivant un secret à ses efforts rebelle,
Le savant se consume en travaux glorieux,
Par l'éclat de ton jour dissipe sa nuit sombre,
Sans toi, que serait-il ? Sa lumière est une ombre
    Près de tes dogmes radieux.

Toi, qui de ton amour nous donnas mille gages,
Daigne, Reine des cieux, agréer nos hommages !
De ton cœur maternel nos besoins sont connus.
Obtiens pour nos parents l'immortelle richesse
A nos esprits, raison, foi, science, sagesse,
    A nos cœurs toutes les vertus.

LA CHARITÉ

*Plenitudo legis dilectio
Lex tota dilectio.*
ÉVANG.

I

Tu disais : « Je viens sur la terre
« De mon cœur répandre les feux,
« Et tu sais, ô mon divin Père,
« Quel est le plus cher de mes vœux (1)! »
Qu'en nous ce doux vœu s'accomplisse!
Divin Jésus, dis à nos cœurs
Qu'ils ne peuvent, sans injustice,
Ne point te donner leurs ardeurs.

CHŒUR.

Oui, nous t'aimons, doux Sauveur, tendre Père,
Nous tous, comblés des dons de ton amour ;
Ah! pour t'aimer qu'est une vie entière ?
Que nous t'aimions dans l'immortel séjour !

(1) *Saint Luc.* 12, 49.

II

« Pierre », dit une voix céleste,
« M'aimes-tu (1)? » Seigneur, tu le sais
Combien je t'aime! et j'en atteste
Ton propre amour et tes bienfaits.
« M'aimes-tu? » reprit-elle encore,
Tant Jésus, aime notre amour!
Redis-le-moi, Dieu que j'implore;
Oui, nous t'aimons de jour en jour.

CHŒUR.

Dévoile, ô Dieu, tes beautés éternelles!
Que nous t'aimions autant que tu le veux,
Esprit d'amour, couvre-nous de tes ailes
Sur cette terre, aimons-nous comme aux cieux.

(1) *Evang.*